DE

LA RÉPUBLIQUE

PAR

UN CHRÉTIEN.

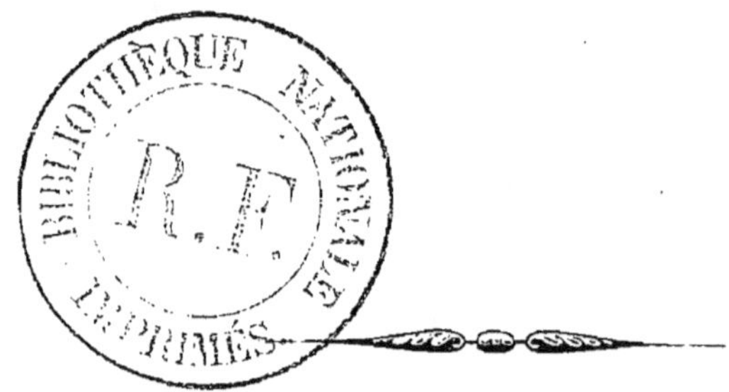

PARIS

AU COMPTOIR DES IMPRIMEURS-UNIS,

COMON, LIBRAIRE,

QUAI MALAQUAIS, 15.

1848

DE LA RÉPUBLIQUE.

Au mois de février, la République a été accueillie par la France avec une faveur étonnante et à laquelle elle ne s'attendait pas. Maintenant on peut dire hardiment que cette forme de gouvernement soulève, parmi un grand nombre, une aversion et un acharnement que n'a encore excités aucun des pouvoirs qui ont passé snr la France depuis soixante ans.

Les uns n'étaient devenus républicains que par peur, et voyant que leur tête est encore sur leurs épaules, ils se vengent sur l'innocente République de 1848 de la terreur qu'elle leur a causée bien involontairement ; d'autres, devenus républicains dans un moment d'enthousiasme, se sont étonnés de ne pas voir l'âge d'or comme aux beaux jours de l'innocence du premier âge, et, parce que la République, au bout de huit ou neuf mois, n'a pas encore la fixité et la régularité d'un vieux gouvernement, décriant même ce qu'elle a fait de mieux, et irrités de n'avoir pas vu se réaliser de suite leurs espérances, voient le mal partout, même dans le bien ; quelques-uns veulent juger de la République constituée par l'état provisoire dans lequel il était nécessaire de passer pour aller de la monarchie à la République ; d'autres enfin, qui n'ont qu'un enthousiasme factice, font semblant d'avoir rêvé la République, seulement pour se dire détrompés par l'expérience, et la détruire pièce à pièce en blâmant tout ce qu'elle a fait ou laissé faire.

Ces hommes haineux et passionnés ont toujours d'excellentes raisons pour trouver tout mal. Combien de fois avons-nous entendu dire pendant le vote des articles de la Constitution :

« La Constitution s'achemine bien lentement, c'est faire durer trop longtemps le provisoire, etc. »

Dieu sait que si la Constitution avait été achevée plus tôt, ces dignes citoyens auraient crié bien haut que la France ne pouvait se contenter d'une constitution bâclée de la sorte.

Il est enfin une classe d'hommes chérissant l'inégalité, attachés à certaines idées fixes qu'ils n'ont jamais raisonnées, et sur lesquelles ils basent toute leur politique comme on a déduit toutes les mathématiques de quelques axiomes incontestables. Ils font de prétendus axiomes parfaitement faux, et permettent à une république d'exister à condition de donner satisfaction à des idées surannées à peine supportables sous une monarchie, et opposées radicalement aux principes républicains. Ces messieurs permettraient à la République d'exister dans des conditions antirépublicaines ; c'est tout à fait Arlequin donnant un tambour et une trompette à son enfant en lui disant : « *Amuse-toi bien, mais à condition de ne pas faire de bruit.* »

Du reste, sauf quelques exceptions, les ennemis de la République n'ont pas encore osé se déclarer franchement antirépublicains, ils se disent *modérés* et traitent de *rouges* ou de *montagnards* tous les républicains de la veille ou du lendemain, quels que soient leurs doctrines religieuses, leur amour de la paix, leur douceur, leur respect des droits acquis.

Il ne faut pas se le dissimuler, si l'avenir, comme nous le montrerons dans la suite de cet écrit, est assuré aux principes démocratiques et à la forme républicaine, cet avenir peut être rejeté fort loin par la réaction.

A toutes les catégories d'ennemis que nous avons énumérées tout à l'heure, et qui disposent en général de l'influence que donnent la fortune et la position sociale, il faut joindre les honnêtes citoyens des campagnes et de la population ouvrière des villes, qui admettent ce que leur disent ces messieurs comme parole d'évangile, et attribuent à la République des maux dont elle n'est en rien la cause, et sont tout disposés à la frapper comme ces paysans qui, voyant leurs bestiaux en proie à une épizootie cruelle, ne trouvent rien de plus opportun que de battre le voisin, coupable sans doute d'avoir ensorcelé ces animaux domestiques.

Au moment où les mauvaises passions, les préjugés, les intérêts mal compris et la haine se coalisent pour soulever contre la République les masses peu éclairées, nous regardons comme un devoir de répondre autant qu'il est en nous aux arguments souvent contradictoires de ses ennemis, et de démontrer sa légitimité, sa supériorité sur les autres formes de gouvernement, l'injustice des reproches qu'on lui fait. Heureux si ces quelques lignes donnent à un républicain plus habile que nous l'idée de poursuivre cette tâche et d'éclairer les populations françaises sur leurs véritables intérêts.

En politique comme en religion, en mathématiques, en philosophie, en physique, etc., il y a une vérité, et il n'y a qu'une vérité; deux vérités en politique, en histoire, en religion, etc., ne peuvent se concevoir raisonnablement. En effet, ou elles se confondent pour n'en faire qu'une, ou, si elles diffèrent, ce qui est nécessaire pour leur dualisme, l'une des deux n'est pas la vérité dans ce en quoi elle diffère de l'autre. Les points divergents entre les deux vérités peuvent être ramenés à une question de oui ou non ; dire qu'il y a deux vérités, ce serait dire que sur une même question, le oui et le non sont vrais, ce qui est contre le plus vulgaire bon sens.

L'humanité qui, par sa déchéance originelle, a perdu l'intuition de la vérité, doit la rechercher, la reconstruire péniblement sur cette terre. Dieu a mis en nous ce qui est nécessaire pour cette laborieuse recherche ; seulement, dans un ordre d'idées au-dessus des choses purement de ce monde, il nous a donné lui-même directement la vérité, parce que dans les choses surnaturelles, l'humanité était impuissante à trouver le vrai par elle-même.

Ce serait un affreux sophisme de dire qu'il n'y a de vrai que ce que Dieu a révélé : Dieu n'a pas révélé que deux et deux font quatre, et cependant c'est vrai ; il est vrai que le soleil est plus gros que la terre, cependant on ne trouve aucune trace de ces vérités dans l'enseignement chrétien.

Quelle est la vérité en matière politique sur la source du gouvernement ?

Ici, nous devons appliquer ce que nous venons de dire de la vérité.

Il est impossible de trouver d'autres sources de gouvernement que le droit divin ou délégation donnée par Dieu lui-même, ou l'expression tacite ou formelle du consentement de la majorité, ou bien la force qui, au bout de quelque temps, se combine avec le consentement de la majorité.

Y a-t-il un gouvernement donné par Dieu aux hommes ? Si cela est, il faut s'y soumettre. Non, Dieu n'a donné de pouvoir délégué qu'en matière spirituelle, il a institué le gouvernement de l'Église sous l'autorité du souverain pontife, il n'a institué aucune source de pouvoir pour le gouvernement temporel des peuples, il a tenu son Église en dehors des partis, recommandant seulement l'obéissance aux puissances établies ; les puissances établies règnent par lui de même que nous vivons nous-mêmes par lui et en lui, mais la révélation est muette sur la question de l'origine du pouvoir.

Ce que nous savons seulement, c'est que le royaume de Dieu n'est pas de ce monde, le droit divin, le gouvernement délégué par Dieu n'existe donc que pour l'Eglise ; pour la société temporelle, la vérité n'est pas dans la délégation du pouvoir de Dieu à un homme, à une famille ou à une caste.

Maintenant, je dis qu'en dehors du consentement de la majorité ou de la force, il n'y a aucune source de gouvernement.

La royauté n'est pas un principe ni une source première de gouvernement, c'est simplement un fait. Que ce fait soit bon ou mauvais, ce n'est pas maintenant la question ; ce qui est positif, c'est que ce n'est pas un principe en soi, puisque ses plus grands partisans l'appuient sur le droit divin ou sur le consentement universel.

De ce que nous avons dit plus haut, il résulte que

la royauté appuyée sur le droit divin, est appuyée sur un scepticisme, sur une prétention radicalement fausse, puisque le royaume de Dieu n'est pas de ce monde.

Si la force est la source vraie et légitime du pouvoir et qu'il faille admettre la royauté comme dérivant de la force, on peut alors peser la force intrinsèque du roi et la force du consentement individuel, et le résultat ne sera pas douteux.

La royauté, née de la force ou du consentement de la majorité, consentement tacite ou formel, ne peut trouver en soi une raison légitime d'existence, si elle est privée de la force morale ou matérielle, ou abandonnée de la majorité.

La succession légitime du pouvoir n'a sa raison d'être que dans la perpétuité du consentement des diverses générations qui lui sont soumises. Nulle agrégation d'hommes n'a pu se dépouiller de son droit de majorité en faveur d'une famille ou d'une caste et obliger les générations futures. En déléguant ainsi tout pouvoir, une génération interdirait tout progrès aux générations futures, ce qui est contre l'esprit même de l'humanité. Un peuple s'habitue à être gouverné par une succession d'individus se transmettant le pouvoir par droit de naissance ; mais en examinant le droit qu'a chaque génération de princes à gouverner, on ne peut le trouver ailleurs que dans le consentement tacite de la majorité des gouvernés. Le peuple a la *puissance* de déléguer l'autorité qu'il doit avoir sur lui-même, comme tout être moral, à une dynastie; mais il peut reprendre son autorité quand il lui plaît; et cette *puissance* du peuple ne peut constituer un *droit* réel, puisque sans le concours réel ou volontaire de ses sujets, le prince ne peut avoir aucune supériorité sur eux. L'autorité royale ne peut se fortifier en droit par l'ancienneté, car, quelle que soit l'ancienneté d'une dynastie, le peuple gouverné par elle est plus ancien qu'elle. Le peuple a la *puissance* de constituer une dynastie, il n'en a pas le *droit*, car s'il a ce *droit*, il se dépouille lui-même et se livre sans défense au bon plaisir d'une race, et la défense cependant est de *droit* naturel. Qu'on ne parle pas ici de contrat entre deux pouvoirs existants, puisque l'un des deux pouvoirs est factice et n'a pas sa raison d'être en lui, n'ayant de fondement logique que dans celui dont il est une émanation.

Je sais que souvent la dynastie qui, comme nous l'avons vu plus haut, ne peut être une émanation du *droit divin*, n'est pas non plus une délégation du droit populaire. Telle est la royauté qui émane d'une race conquérante et du droit du plus fort.

Mais ce droit du plus fort a dû changer, et, l'histoire en main, on peut prouver qu'il a toujours changé. En effet, ou le pouvoir, quand il n'a plus été appuyé sur la force, a été accepté tacitement par la nation, et alors il rentre dans le gouvernement émis de la majorité, ou la force, ayant cessé d'être du côté du pouvoir, a passé à la majorité des gouvernés qui, alors, n'ont fait qu'user de ce droit de la force pour renverser l'oppresseur, homme, dynastie ou caste. Si la monarchie s'appuyait sur l'esclavage ou l'oppression, la cause cessant, l'effet doit cesser.

D'où dérive, par exemple, le pouvoir aristocratico-monarchique que la France a eu jusqu'en 1789? Ce pouvoir remontant à Hugues-Capet, dérive de la conquête des Gaules par les Barbares qui, établis dans le pays, ont formé une caste puissante ayant au-dessous d'elle la population conquise réduite à l'état de vasselage. Les nobles qui avaient arraché à la race de Charlemagne l'hérédité des charges, en 877, Kiersy, ne voulant pas d'un pouvoir qui, appuyé sur l'influence ecclésiastique, avait quelque chose de supérieur à eux dans l'opinion publique, comme se rattachant au pouvoir des Césars romains, profitèrent de l'abâtardissement de la race du grand empereur pour élever sur le pavois un d'entre eux qui fut seulement le premier entre ses égaux, *primus inter pares*. Pendant les quatre ou cinq premiers règnes, l'autorité du monarque fut à peu près méconnue par ses vassaux, l'hérédité semblait même si peu assurée dans la famille royale que chaque souverain faisait sacrer son fils aîné de son vivant, l'associant ainsi à la royauté.

Cependant, la Providence qui avait le dessein de rattacher peu à peu au même tronc les rameaux épars de la nation française, fit servir la suprématie royale à l'accomplissement de ses vues adorables. La tyrannie des vassaux de la couronne et l'orgueilleuse rapacité des nobles poussèrent à bout les bourgeois des villes, plus forts, à cause de leur union et de leur concentration sur un petit nombre de points, que les malheureux serfs des campagnes dispersés sur un vaste territoire. Les bourgeois affranchis érigèrent leurs villes en petites républiques appelées communes qui, préférant le pouvoir d'un roi éloigné à celui d'un maître trop voisin, implorèrent le pouvoir royal et se mirent sous sa protection. Le roi, toujours en guerre, tantôt avec un vassal, tantôt avec un autre, était trop heureux de démembrer ainsi les états de ces fiers barons dont plusieurs étaient plus puissants que lui. Le roi, d'origine noble cependant, fit cause commune avec le peuple pour abattre le pouvoir de ces petits despotes toujours en querelle entre eux ou avec le souverain et toujours prêts à appeler l'étranger en France.

Si la royauté avait toujours suivi cette voie, elle aurait abattu la noblesse, établi l'égalité, et la République aurait existé sous une forme monarchique. C'était l'intérêt de la royauté, mais elle ne sut pas le comprendre. Le roi voulait bien être le maître, et le maître absolu ; ces vilains pouvaient d'un jour à l'autre exiger autant de liberté sous le roi qu'ils en avaient lors de l'érection des premières communes ; c'est ce que la royauté chercha à empêcher. Mais pour régner d'une manière absolue, il fallait deux choses, intéresser une classe au maintien du pouvoir monarchique, et faire que cette classe, favorisée par le roi, ne pût tourner ces forces contre le suzerain. Un pouvoir est bien vite tombé quand tous ont également intérêt à le renverser. La royauté qui s'était servie du peuple pour comprimer la noblesse se servit alors de la noblesse pour maintenir le peuple dans l'obéissance.

Le roi, représentant de la race conquérante, fut

le premier gentilhomme du royaume, les nobles régnant par lui et se partageant les emplois militaires et civils, eurent tout intérêt à maintenir les prérogatives de leur représentant couronné. Qu'on ne me dise pas ici que la plus grande égalité régnait entre la race victorieuse et la race vaincue et qu'il se trouvait dans la noblesse autant de Celtes que de Germains.

La robe était en général d'origine bourgeoise, c'est vrai ; mais elle était regardée par ces excellents gentilshommes de la noblesse d'épée comme inférieure à eux. Tandis que les Romains, ces grands vainqueurs du monde, disaient avec tant de raison : *cedant arma togæ*, les vaincus de Crécy, de Poitiers, d'Azincourt, de Pavie, méprisaient souverainement le droit, la justice, et ne connaissaient qu'une manière de soutenir leurs droits, le duel, qu'un argument, l'épée, qu'une persuasion, la brutalité. Lisez tous les traités des blasons et les nobiliaires antérieurs à 1789, vous verrez rapporter l'origine de la noblesse au droit de conquête, à la force brutale.

S'il y avait des familles nobles antérieures à 1400 d'origine indigène, elles reniaient leur origine et méritaient par conséquent la haine qu'un peuple soumis porte toujours à ses dominateurs étrangers. Quant aux familles anoblies, ou elles passaient par l'illustration au niveau des anciennes familles, ou elles étaient peu considérées des nobles conquérants : dans les deux cas cependant elles avaient sur le peuple des droits basés sur le droit de conquête.

Remarquons en passant, que dans le cas même où l'on aurait eu dix générations de maréchaux et de connétables, on ne pouvait encore en 1789 être page de la grande écurie ni se regarder comme l'égal du noble obscur d'une origine antérieure à 1400. Le mérite ne pouvait suppléer à la naissance, le noble qui épousait une bourgeoise était repoussé par ses semblables, par un aveuglement cruellement expié depuis, la noblesse prenait à tâche de n'avoir ni ami ni parents dans le tiers état qui fussent intéressés à la soutenir. Remarquons en passant que si en Angleterre l'aristocratie brille encore d'un si grand éclat, c'est qu'elle se recrute dans le sein de la bourgeoisie la plus éclairée, que de fréquents mariages resserrent les liens qui existent déjà entre la noblesse et la finance, et que la famille qui a mérité son anoblissement par de grands services voit les descendants des barons normands la recevoir avec empressement dans leurs rangs.

Qu'on ne s'y trompe pas, depuis Louis XIV la royauté entretenait ces abus. On a fait beaucoup d'étalage de quatre ou cinq officiers généraux sortis du tiers-état au xviiie siècle : qu'est-ce que quatre ou cinq sur tant de gens éclairés de la bourgeoisie aussi aptes que les nobles à servir le pays? Eh bien, le roi et la noblesse s'alarmèrent de cette invasion des vilains dans les grades supérieurs, et un édit du 22 mai 1781 exigea les preuves de quatre générations de noblesse pour arriver au modeste grade de sous-lieutenant.

La royauté, qui avait eu pendant tant de siècles l'amour de la nation parce que, par intérêt, par crainte des grands vassaux, par besoin d'argent, elle favorisait l'affranchissement des serfs, des vassaux, des communes, perdit sa confiance et son affection quand elle se ligua avec la noblesse pour empêcher le développement des libertés que semblaient promettre au peuple les victoires sur les Anglais auxquelles il avait tant contribué, le système politique de Louis XI, l'amour de François Ier pour les lettres et les arts, la haute sagesse d'Henri IV, et l'abaissement de la noblesse par Richelieu. Le peuple disait, quand il était pressuré par la noblesse : *Si le roi le savait,* quand il crut que le

2

roi le savait et qu'il ne vit dans le roi que le premier gentilhomme du royaume, le complice des
grands, la haine fut aussi vive que l'affection avait
été sincère, et l'irréligion des nobles qui avait causé
l'irréligion du peuple rendant brusques les mou-
vements que la religion eût adoucis, causa cette
grande tourmente dans laquelle s'engloutirent noblesse et royauté, celle-ci représentée malheureu-
sement par le religieux et honnête Louis XVI.

Complicité de la noblesse et de la royauté, voilà
ce que je voulais indiquer, ce que mille exemples
confirmeraient au besoin, mépris de la noblesse
pour la légalité, pour le peuple, orgueil insup-
portable pour les bourgeois, désordres de Versailles
imités dans les provinces par les roués du dix-hui-
tième siècle, origine étrangère sinon réelle, au moins
fictive de la noblesse, comme conséquence, pouvoir
basé même en théorie sur la force et la conquête,
résistance de la noblesse au besoin d'égalité, telles sont les causes de la révolution.

Or l'expérience de l'empire avec sa noblesse militaire, de la restauration avec ses pairs héréditai-
res, les préjugés encore existants chez les nobles
nés même depuis 1789, les tentatives de Charles X
pour faire prédominer la volonté royale appuyée

sur l'aristocratie terrienne, du gouvernement constitutionnel de Juillet avec son aristocratie bâtarde, ayant bien prouvé que désormais la royauté était intimement liée à l'aristocratie, si l'on veut l'égalité, et la nation française la veut, il faut une constitution républicaine.

Au fait, une royauté dans les données actuelles ne peut exister sans aristocratie. Le roi, devant naturellement chercher à étendre les limites de son pouvoir, ne peut le faire impunément qu'en intéressant une partie de la société à cette usurpation, en partageant le gouvernement avec elle. La noblesse, qui n'est plus un danger pour la royauté, en est le soutien, puisque tous les partisans de l'hérédité de la pairie, des titres et des priviléges ont été unanimes à dire que la royauté ne pouvait subsister seule en face du peuple, sans être soutenue par une aristocratie.

Ou le peuple veut être gouverné sans lui, et alors il n'a qu'à rejeter tous les fruits d'une victoire si péniblement acquise, et reprendre un roi, une noblesse et tous ces gens qui plaisantent si agréablement sur cette admirable devise : *Liberté, Égalité, Fraternité,* parce que probablement ils veulent la subordination du peuple, l'inégalité de droits et de rangs, et que l'homme du peuple n'est pas le frère du gentilhomme, ce n'est pas la même espèce, comme je l'entends dire encore souvent en 1848. Ou le peuple veut se gouverner lui-même, comme c'est le droit de toute agrégation d'individus raisonnables, et alors à quoi bon un roi? Si le roi veut ce que veut le peuple, pourquoi ce personnage inutile, qui peut être fou comme Charles VI, cruel comme Charles IX en France ou Ivan IV en Russie, ou immoral comme Louis XV? s'il ne veut pas ce que veut le peuple, pense-t-on aux déchirements que produira cette divergence entre le roi et les sujets?

Je crois avoir démontré que le droit divin n'existait pas pour les choses temporelles, que la raison absolue ne reconnaissait comme principe de gouvernement que la force ou le consentement du plus grand nombre. Or, la force pouvant être repoussée par la force, il ne reste plus de logique que le consentement du plus grand nombre. J'ai prouvé, de plus, qu'il était inutile ou dangereux pour le plus grand nombre de reconnaître un pouvoir en dehors de lui et au-dessus de la majorité même de la nation. Le pouvoir du petit nombre appuyé sur la force est tombé sous les coups du plus grand nombre, procédant également par la force ; la royauté illogique et inutile ou nuisible est tombée, il ne reste donc plus que la République démocratique qui soit fondée en logique, en fait, en droit.

Il y a longtemps qu'on répète dans les rangs des monarchistes : Il faut un principe, il faut un principe, et nous seuls avons un principe ; c'est l'hérédité. Fort bien, mais soyez conséquents et redemandez la féodalité, là tout était donné à l'hérédité. Non, nous voulons seulement l'hérédité du chef suprême de l'État, tout le reste à l'élection. Fort bien ; mais s'il y a lutte entre le principe électif et le principe héréditaire, et il y aura lutte, à moins que tous nos rois ne soient parfaits pendant une longue suite de générations, qui l'emportera ?

A cela on répond en détournant la question : La France ne peut pas être une République, de tous les États c'est elle qui peut le moins être une République ; raisonnez tant que vous voudrez, il n'y a rien de brutal comme un fait ; restez avec votre logique, nous nous contentons d'être des hommes de pratique. En pratique la France ne peut être républicaine. — Pourquoi ? — Parce qu'elle est trop grande. Un petit État peut être une République, mais un grand État ne peut avoir cette prétention.

Et les États-Unis, qui sont grands sept ou huit fois comme la France? — Ne me parlez pas des États-Unis, c'est un peuple qui commence; il y a dans l'Amérique du Nord une faible population répandue sur un vaste territoire; il y a des prairies, des forêts vierges.

Très-bien; mais si les États-Unis commencent, je ne vois pas qu'un État qui commence soit nécessairement une République. Nous n'étions pas précisément une République en 421, ni en 800, ni en 987. Précisément parce que les États-Unis datent de soixante ans, ils ont dû être fondés tout d'un coup, selon les idées les plus applicables dans une société moderne, et c'est pour cela qu'ils se sont constitués en République.

Donc, selon vous, une population faible répandue sur un vaste territoire, et qui commence, doit être une République, surtout si elle a des prairies et des forêts vierges. Moi, il me semble qu'une telle nation doit plutôt être monarchique, il est besoin d'un chef unique, permanent, pour empêcher ces parties éloignées de se disloquer et imprimer un mouvement uniforme à la colonisation. C'est du moins le sentiment de Sa Majesté Nicolas, autocrate de toutes les Russies, chef d'un peuple peu nombreux, répandu sur un vaste territoire, régnant sur des prairies plus vastes que celles du Missouri et de l'Orégon, et sur les forêts de l'Oural, du Caucase, des Altaï, que je crois douées d'une virginité bien plus intacte que celles d'Amérique.

N'allez pas répéter cet argument à Saint-Pétersbourg, M. le monarchiste, vous pourriez être invité à admirer les prairies de la Sibérie ou les forêts du Caucase encore parées de toute leur virginité, et cependant soumises à un gouvernement bien peu républicain.

D'ailleurs, si les États-Unis sont un peuple qui commence, que direz-vous des Provinces-Unies Néerlandaises qui avant 1789 étaient en République?

Je dirai que la Hollande est un petit État marécageux, studieux, commerçant, riche, et qui n'a aucun rapport avec la France.

Fort bien, je comprends, la Hollande peut être République, parce qu'elle est marécageuse, studieuse, riche et commerçante; et la Suisse? La Suisse, mais c'est un pays de montagnes, primitif, pauvre, ignorant, que venez-vous me la comparer à la France? C'est vrai, la Suisse est faite pour être en République, parce qu'elle n'est ni marécageuse, ni studieuse, ni riche, ni commerçante, et qu'elle est tout l'opposé.

Et Andorre, et Saint-Marin, qu'en dites-vous? Je dis que ce sont de petits États, et qu'eux seuls peuvent être en République.

Excellente raison. Tout à l'heure les États-Unis étaient République parce qu'ils sont trop grands, je craignais même fort pour le trône de Nicolas. Maintenant je tremble pour le seigneur de Kniphausen et le prince de Lichtenstein; n'allez pas prêcher vos doctrines aux sujets de ces excellents monarques, M. le monarchiste. Quels Etats sont mieux faits pour la République que ces deux monarchies de 3,500 et de 7,000 habitants ?

Ainsi, récapitulons : pour être République, il faut être un Etat jeune, grand, ayant des terrains vagues comme les États-Unis,

Ou un État vieux, petit, commerçant, riche, studieux comme la Hollande,

Ou un État petit, montagneux, pauvre, primitif comme la Suisse,

Ou un petit État comme Andorre et Saint-Marin, et la France ne peut être République, parce qu'elle n'est pas petite comme Saint-Marin, ni grande comme l'Union Américaine, ni marécageuse, ni montagneuse, ni studieuse, ni ignorante, ni riche, ni pauvre.

C'est sans doute parce que la Russie est un grand État qui commence, qui a des prairies, des forêts vierges, une population clair-semée sur un vaste territoire comme les États-Unis, qu'elle est monarchique ;

Parce que le Danemarck est plat, humide et commerçant comme la Hollande, qu'il a un roi ;

Parce que le Tyrol est petit, montagneux, primitif comme la Suisse, qu'il est si attaché à la monarchie autrichienne ; c'est peut-être aussi pour cette raison que l'Écosse a défendu si fidèlement la monarchie des Stuarts ;

Et je suis bien convaincu que c'est à leur petitesse que Lichtenstein et Kniphausen doivent le bonheur grand d'avoir un prince et un seigneur, au lieu d'être en république comme Andorre et Saint-Marin. Ainsi, la république serait un gouvernement parfait pour tous les pays, excepté pour la France ; sérieusement ce système manque de solidité.

Aussi, d'autres monarchistes moins conciliants prétendent que la république, quoique le meilleur gouvernement en théorie, est, en pratique, le plus mauvais partout.

Les États-Unis sont tranquilles et prospères : vous verrez que cela ne durera pas, disent ces hommes prévoyants. Mais, pour une république tranquille, combien sont en proie aux plus affreux bouleversements? Voyez les républiques espagnoles de l'Amérique. Tel est le langage d'une partie de nos adversaires ; il me semble que je n'affaiblis en rien leur argumentation.

D'abord il est très-commode de prédire aux États-Unis, si tranquilles maintenant, des bouleversements futurs. Cette prédiction, faite pour le besoin de l'argumentation, ne manque pas de produire un certain effet ; mais je dis : Voyez, non pas l'état futur, mais la situation actuelle des monarchies européennes. La Russie et la Grande-Bretagne sont seules tranquilles ; croyez-vous au bonheur du pauvre Irlandais, de l'Anglais victime des machines, de l'Écossais que la misère force à s'expatrier, du serf de Russie qui, poussé à bout par le désespoir, se passe de temps en temps la fantaisie de faire rôtir son seigneur? Il est inutile de parler de la Prusse, de l'Autriche, de l'Espagne, des Deux-Siciles, etc.

Mais, me direz-vous, ces États monarchiques sont troublés parce qu'ils sont poussés par les idées démocratiques. C'est vrai ; mais si la monarchie est un principe si vrai, pourquoi son application excite-t-elle partout tant de répulsion? On devrait être tranquille dans une monarchie, tout le monde obéissant au souverain ; dans les républiques tout serait tranquille également, si la minorité obéissait à la majorité qui est son souverain.

Et puis, est-ce la forme républicaine qui agite l'Amérique du Sud? Non, c'est l'embarras extraordinaire qu'éprouvent à se diviser en États des populations de civilisation et de langue espagnoles répandues sur une surface égale au double de l'Europe, sans limites naturelles fortement tranchées.

La race indienne n'est encore comptée pour rien, quoiqu'elle fasse le fond de la population. La Bolivie veut un débouché, un port, le Pérou le lui refuse, la race *Quichua* se trouve partagée violemment entre le Pérou et l'Équateur; il n'y a pas de limites naturelles entre la Nouvelle-Grenade et l'Amérique centrale, entre le Guatimala et le Mexique. Buenos-Ayres et Montevideo se disputent le cours de la Plata. Je ne vois rien en tout ceci qui tienne à la forme républicaine. L'Amérique espagnole en est à son moyen âge, c'est-à-dire qu'elle se trouve dans une période de délimitations entre nationalités

encore en germe; les agitations cesseront quand les
éléments répulsifs et attractifs des diverses populations seront mis en rapport avec les limites naturelles de ce pays encore mal définies. N'a-t-il pas
fallu de grandes guerres pour que tous les éléments
de la race celtique en France se réunissent et ex-
pulsassent les Anglais, les Espagnols, les Allemands?
En l'an 1000 y avait-il paix dans une seule province?
et les troubles civils ne venaient-ils pas se mêler
aux guerres étrangères, parce que les nationalités
se constituaient et cherchaient leurs limites sans en-
trevoir encore l'harmonie qui, dans l'Europe occi-
dentale, a succédé à ce chaos? Le moyen âge républicain de l'Amérique du Sud est-il plus troublé que
le moyen âge féodal monarchique de l'Europe?
Pour achever cette discussion incidente, j'ajouterai
que je prévois, moi aussi, des déchirements aux
États-Unis; mais précisément parce que leurs mœurs
et leurs institutions ne sont pas assez démocratiques.
La République américaine méconnaît la liberté des
noirs, l'égalité des hommes de couleur et des blancs,
et la fraternité à l'égard des rouges qu'elle tue et
des nègres qu'elle opprime.

Et ne vous y trompez pas, ces idées sont monarchiques, et non républicaines. Sous l'empire, ce

temps que quelques esprits veulent réhabiliter, le mariage entre blancs et noirs était prohibé ; sous l'ancienne monarchie, le roi s'engageait, à son sacre, à maintenir la pureté du sang ; le mulâtre libre n'est devenu l'égal des blancs, aux colonies françaises, qu'en 1830 ; enfin, le Code noir est l'œuvre du monarque par excellence, de Louis XIV. La France peut être une république, comme tous les États du monde, mais elle ne veut pas l'être ; elle n'est pas *républicaine,* elle est et sera toujours *monarchique.* Telle est l'objection que beaucoup de personnes font à l'établissement de la république dans notre pays.

La France n'est pas républicaine, soit ; mais elle a des instincts qui ne pourront avoir leur satisfaction que sous la République. Et d'ailleurs, si la France est monarchique, à coup sûr elle l'est d'une singulière façon, puisque, depuis le 1er janvier 1789 jusqu'à nos jours, elle a précipité ou laissé précipiter de leur trône Louis XVI, Louis XVIII, deux fois Napoléon, Charles X et Louis-Philippe. La France a essayé de toutes les formes de la monarchie : de la royauté du droit divin, du despotisme militaire, de la légitimité constitutionnelle, de l'illégitimité également constitutionnelle, et elle s'est trouvée mécontente de la monarchie sous les formes les plus diverses.

La France veut l'égalité, le suffrage universel, et elle ne peut avoir cela que sous une république. Pour le dire en passant, si la République est impossible, il me paraît que la monarchie démocratique l'est encore plus. On ne l'a vue nulle part ; la monarchie constitutionnelle - aristocratique est même tellement difficile à obtenir, que l'Angleterre n'a pu avoir une monarchie réellement représentative qu'en mettant sur le trône une branche cadette, atteinte bien forte portée au principe de l'hérédité, et qui forcément place la royauté en second ordre, quelle que soit la pompe extérieure qui l'environne.

La France veut plusieurs choses incompatibles avec la royauté ; nous y reviendrons tout à l'heure.

Mais, nous dit-on, par cela même que la république est un gouvernement parfait, il est impossible en application. La République serait possible si tous les hommes étaient parfaits ; mais, comme ils ne le sont pas, force nous est d'en revenir à la monarchie. Singulier moyen de prouver la bonté d'un gouvernement, que de le regarder comme imparfait, et singulière politique de le soutenir précisément parce qu'il est imparfait !

Oubliez-vous que l'homme doit tendre à la perfection en tout, en religion, en science, en philosophie, en littérature, en politique, et que c'est justement à cause de cela que le modèle doit être parfait en tout ou approchant autant que possible de la perfection ? Parce que l'homme est imparfait, il faudrait changer l'ordre moral et physique et le faire à son image !

Portons plus haut notre ambition, *sursum corda,* et toutes les fois que la perfection et la logique nous apparaîtront quelque part, élevons-nous jusqu'à elles, et si nous ne trouvons pas l'absolu, nous nous élèverons toujours beaucoup dans cette recherche.

Que dit Dieu pour la religion ? « *Soyez saints, parce que je suis saint.* » Que dit Notre-Seigneur ? «*Soyez parfaits comme mon Père céleste est parfait.*» Depuis que ces paroles ont été dites, y a-t-il eu un homme parfait et saint sur la terre ? Non, la règle est trop haute pour l'humanité, et c'est ce qui l'élève cependant. Personne n'a pu être saint comme Dieu, personne ne le pourra jamais. C'est cependant cette recherche de la perfection et de la sainteté qui a produit les héros du christianisme, François-Xavier, Vincent de Paul, saint Louis et tant d'autres.

En mathématique, la division de 5 par 3 peut-elle donner un résultat exact?

La géométrie peut-elle garder toute sa rectitude et sa vérité si on l'applique à l'arpentage? Non, mais dans le premier cas, on peut approcher autant qu'on le veut du résultat, sans jamais l'obtenir; dans le second, la géométrie, tout en perdant de sa vérité absolue et immatérielle, est la sauvegarde de la propriété, de la géographie, du système de l'univers.

Les beaux caractères des héros de Corneille ne sont-ils pas la nature humaine élevée par le poëte au-dessus de la réalité?

Dans les arts, y a-t-il jamais eu un homme doué d'une harmonie, d'une proportion, d'une beauté, d'une perfection physique telles qu'on les trouve dans l'Apollon du Belvédère?

Effacez la recherche du parfait en religion, en philosophie, dans les mathématiques, les sciences, les lettres, les arts, et vous rabaisserez l'espèce humaine. Si vous ne l'élevez pas, vous l'abaisserez, le *statu quo* est impossible.

Si donc vous voulez un gouvernement aussi parfait qu'il est possible ici-bas, prenez pour type, pour modèle le plus parfait, le plus logique des gouvernements, la République.

D'ailleurs, ne nous y trompons pas, si la République est impossible à cause de l'imperfection des citoyens, je vous dis qu'une bonne monarchie est impossible à cause de l'imperfection des rois et des sujets.

Assurez-moi d'une succession de princes vertueux et habiles, et je serai monarchique. Trouvez-moi dans l'histoire de France trois rois bons et habiles de suite. Si la République est trop parfaite, la royauté est trop imparfaite pour l'humanité.

Vous nous dites que le peuple peut se tromper, que le suffrage universel n'est pas infaillible. C'est vrai, mais si le suffrage universel pèche parfois, la minorité a-t-elle toujours raison? La forme républicaine a l'inconvénient de laisser le champ libre aux coteries et à la désobéissance. Est-il donc plus difficile à la minorité d'obéir à la majorité, qu'à une nation d'obéir à son prince! Vous voulez, vous aussi, une perfection surhumaine dans cette obéissance quand même. Eh ! dites-moi, n'y a-t-il jamais de révoltes sous les monarchies et rien approche-t-il dans les républiques de l'anarchie des régences, quand le roi est mineur ou fou ? Trouvez-moi dans notre histoire une régence sans guerre civile ou sans complots. Est-il nécessaire de rappeler la régence de la reine Blanche, si sage pourtant, les Bourguignons et les Armagnacs, la Fronde, la conjuration de Cellamare? Précisément parce que la population n'est pas habituée au respect de la loi, mais seulement à l'obéissance au roi, elle est sans guide, lorsque ce roi n'est pas capable de la gouverner.

La France n'est pas républicaine, elle n'est pas monarchique non plus; on le verra bien si la monarchie revient. D'abord, plusieurs personnes ont foi et amour en la République, personne ne l'a plus en la royauté. Elle serait appelée comme remède, et vous croyez que la royauté pourrait escortée de ces prudents panégyriques, de ces hommes qui ne croient en elle que comme moyen de crédit, rentrer en France sans effusion de sang? Hâtons-nous de dire que si la majorité veut la monarchie, un bon républicain doit se taire et ne pas protester les armes à la main contre l'erreur de la nation; mais enfin, comprimerez-vous facilement l'irritation de gens énergiques et qui se verront arracher le gouvernement pour lequel ils ont une sorte de culte?

Si le roi reste dans son rôle constitutionnel, la

France s'apercevra bientôt de l'inutilité de ce rouage; si, ce qui est probable, le roi ou un de ses descendants cherche à comprimer l'élan de la nation vers l'égalité et la liberté, il pourra s'apercevoir que la France est plus républicaine qu'on ne le croit.

Vous voulez la tranquillité et vous accusez la République en disant qu'avec elle ce sont perpétuellement des émeutes et une absence complète de calme et de repos. Croyez-vous que ceux qui ne trouvent pas la République assez avancée, se contenteront de la royauté et laisseront tomber leurs armes devant elle?

Comme je l'ai dit plus haut, rien dans une République n'approche des troubles qui éclatent sous une monarchie à chaque régence.

Les émeutes et les troubles arrivent bien aussi sous la monarchie, même quand il n'y a pas de régence; Juillet 1830, presque toute l'année 1831, Juin 1832, Avril 1834, Mai 1839 en sont la preuve.

Mais les affaires ne vont pas, et c'est la faute de la République.

Les affaires ne vont pas, cela tient à plusieurs causes : à la défiance, au calcul de certains ennemis de la République, aux révolutions étrangères.

Parce que la République s'appelle République, comme en 1793, et que la France n'est plus dans le même état que dans leur jeunesse, beaucoup de personnes ont peur : peur de la banqueroute, peur de la lanterne, peur de la guerre, que sais-je ? La République a beau être modérée, juste, pacifique, cela ne fait rien, ces gens ne reviendront de leur défiance qu'au bout de plusieurs années, peut-être même mourront-ils plus tard, encore sous l'impression de la peur.

Est-ce la faute de la République ou de ceux qui ont peur quand même ? Accusez plutôt la monarchie qui a ainsi dégradé le caractère de l'homme en le rendant défiant, peureux et incapable de raisonner en présence d'une folle alarme.

Plusieurs personnes détestent la République. Pourquoi ? elles ne le savent pas ; toujours est-il qu'elles l'ont en horreur. Ces personnes, souvent fort honorables, mais égarées par l'esprit de parti, se refusent à toute dépense au delà du strict nécessaire, colportent les bruits les plus alarmants et sont bien convaincues que le peuple demandera grâce et reprendra la monarchie pour ne pas mourir de faim. Voulez-vous encore accuser la République de cette erreur, quelquefois de cette coupable machination, et pensez-vous qu'elle doive abdiquer devant une pareille conjuration?

Je l'ai entendu dire à plusieurs personnes : Laissez faire, les affaires ne vont pas; ils viendront à nous et apprendront que la majorité pauvre a besoin de la minorité riche.

Qu'y a-t-il de plus en souffrance? Les industries qui vivaient sur le luxe. Eh bien, qu'on réfléchisse un moment, et on s'apercevra que la France à elle seule n'a jamais fait vivre les industries qui vivaient de l'exportation. Or, qui en achètera à l'industrie française, maintenant que l'Allemagne, la Suisse, la Hongrie, les pays slaves, l'Autriche et l'Italie sont en révolution?

Loin d'être éclairés par la révolution de 1789, les souverains étrangers ont lutté contre les idées démocratiques et nationales, ils ont partout méconnu les besoins nouveaux des peuples ; ceux-ci se soulèvent partout et cessent de faire vivre l'industrie française ; est-ce la faute de la République? Quand même ce serait sa faute, pensez-vous qu'une restauration en France empêcherait le torrent démocratique d'emporter dans sa course impétueuse les trônes vermoulus de nos petits et grands voisins?

Il faut ici que je m'explique sur le luxe. Sans aucun doute je crois qu'il fera place à un confortable plus grand répandu dans toutes les castes de la société, et que le luxe a besoin pour vivre de l'inégalité, de l'existence des classes, du faste des cours. Le luxe a fait son temps, et j'en félicite l'esprit démocratique, car c'est la perte des États.

Il est temps de rendre à la production agricole des bras employés à une industrie qu'une guerre, une peste, une émeute, peuvent ruiner. Il ne faut pas qu'un grand nombre de citoyens puissent tomber à la charge de la nation par des causes indépendantes de la volonté de la République, et que la société soit forcée de nourrir des gens du travail desquels elle n'a pas réellement profité. Enfin, si le luxe n'est pas la corruption, il y mène, et de là il conduit à la décadence.

Jamais sans doute il n'y eut plus de misères à soulager, mais jamais assemblée ne fut plus compatissante que l'Assemblée nationale. Depuis six mois qu'elle est réunie, n'a-t-elle pas diminué la taxe des lettres, donné des fonds pour la colonisation de l'Algérie par les victimes de la vie industrielle, rendant ainsi des bras à la culture, donnant du pain à ceux qui en ont besoin en les mettant à même de rembourser plus tard à la République les avances qu'elle fait pour eux ? Depuis dix-huit ans que la monarchie avait l'Algérie, quelle grande mesure de colonisation avait-elle adoptée ? et voilà qu'en six mois le problème est résolu par la République à l'avantage de la France européenne, de la France africaine, des ouvriers et des indigents. Ne faut-il pas rendre justice à la douce fermeté avec laquelle la République punit ces fanatiques, qui au mois de juin ont manqué plonger la France dans un abîme de maux dont peut-être elle ne serait jamais sortie.

Qu'y a-t-il de plus modéré que cette transportation de dix années seulement au plus avec certitude pour le transporté laborieux d'acquérir après une expiation qui sera en même temps un salutaire apprentissage la propriété et le moyen de vivre que lui refusait la patrie. Parlerai-je de la loi sur les associations ouvrières, qui, ne forçant personne, sont peut-être destinées à exercer une si salutaire influence sur le problème si difficile de l'organisation du travail ? Le paysan égaré redoute la République. Qu'a fait la monarchie d'aussi favorable que notre assemblée républicaine qui organise tout un enseignement agricole destiné à combattre les doctrines routinières, à augmenter la production du pays, à enrichir la France de nouvelles cultures, de nouveaux procédés tout à l'avantage des populations rurales.

Les monarchistes pensent que le renouvellement des intérêts et la décentralisation administrative auront un résultat avantageux pour leurs doctrines. Qu'ils prennent garde à ce qu'ils demandent. Ils créent peut-être ainsi de grandes difficultés au monarque futur si, ce qu'à Dieu ne plaise, ils parviennent à nous l'imposer. Si en effet leur système est poussé à ses conséquences extrêmes, comme le demanderont plusieurs départements, le roi risquera bien, de régner sur un chaos, sinon ils auront éveillé dans les populations départementales des prétentions qui, n'étant pas satisfaites, pourront les armer contre le prince qu'elles accuseront de n'avoir pas rempli ses promesses.

Cependant je reconnais qu'il y a des réformes progressives à opérer dans cette organisation où l'unité tombe quelquefois dans l'absurde, organisation que du reste nous devons à l'empire et que les deux monarchies suivantes se sont bien gardées d'ébranler. L'assemblée est entrée dans la voie des réformes, le nouveau mode de nomination des maires et l'établissement des conseils de cantons sont de grands pas faits dans la voie libérale de l'émancipation des communes.

Que les communes rurales usent intelligemment de ces conseils de cantons créés par notre constitution républicaine, et elles verront bientôt les libertés compatibles avec l'unité et l'indivisibilité de la France, s'accroître sous la protection éclairée du gouvernement républicain.

Tout cela est fort beau en théorie, me diront les adversaires de la République, mais prenez bien garde aux conséquences de la République; votre devise est trop ambitieuse et prenez garde qu'on n'en déduise des doctrines menaçantes pour la famille, la propriété, la société tout entière. C'est ainsi que par exemple vous n'aurez jamais l'égalité, l'égalité est impossible ici-bas, et sur ce point-là comme sur les autres la devise républicaine promet plus qu'elle ne peut tenir.

Avant de répondre à cette objection, qu'il me soit permis d'expliquer comment je comprends la devise la plus belle, la plus complète et en même temps la plus concise que jamais ait adoptée une société humaine : sans aucun doute, la réalisation complète de cette noble maxime est impossible ici-bas, mais comme je le disais plus haut de la République, est-ce une raison pour la rejeter, et ne faut-il pas au contraire chercher à nous conformer autant que possible à cette règle évangélique? Oui, nous l'adopterons cette devise, nous républicains, et nous l'écrirons partout, nous en couvrirons nos monuments publics, quelles que soient les plaisanteries de nos adversaires.

Vous dites qu'il vaudrait mieux avoir un peu plus de liberté, d'égalité et de fraternité dans le cœur, et moins sur les murailles.

A cette objection faite, je le dis avec douleur, par des catholiques, je leur répondrai non par un apologue, mais par les propres paroles d'une reine catholique et malheureuse. Lorsque Marie-Stuart allait à l'échafaud, elle tenait ses yeux attachés sur un crucifix qu'elle portait à la main. Le ministre anglican qui l'accompagnait lui dit : « Madame, vous feriez mieux d'avoir le Christ dans le cœur que sur la main. — Je porte cette image dans mes mains, répondit Marie-Stuart, afin qu'elle se grave plus profondément dans mon cœur. » — Eh bien, nous, nous imitons Marie-Stuart, nous imitons saint Bernard qui écrivait dans sa cellule : « *Bernarde, ad quid venisti?* » Nous écrirons notre devise sur tous les monuments pour qu'elle se grave plus profondément dans notre intelligence et dans notre cœur; pour que le jeune enfant commence dès ses plus tendres années à l'épeler, alors que sa sensibilité et son intelligence se développent aux premières lueurs de la raison, pour que tout homme soit rappelé aux nobles sentiments de la République au moment peut-être où la faiblesse de sa nature l'éloignerait de l'accomplissement de ses devoirs de citoyen, pour que les Français aient tous cette maxime tellement en vénération qu'elle devienne la règle de leur conduite.

Tout homme a droit à la liberté en tant que sa liberté ne nuit pas à autrui, par cela même que cette liberté est à tous, elle doit être égale pour tous, sans quoi la liberté de l'un nuirait à celle de l'autre ; si tous ont la liberté, cette liberté leur impose des devoirs ; la liberté étant égale, les devoirs doivent être égaux, à l'égalité de devoirs correspnd l'égalité de droits. Cependant les hommes également libres, également participants aux droits et aux devoirs doivent avoir un lien entre eux, sans quoi les citoyens seraient des sortes d'automates, et même l'égalité et la liberté seraient inutiles puisque souvent la nature ou la fortune s'oppose à la jouissance de certains droits, à l'accomplissement de certains devoirs, enfin l'égalité et la liberté seules ne suffiraient pas à la constitution de la société; avec ces deux choses il n'y aurait que des individualités, il faut encore la fraternité. Cette sublime vertu basée sur l'Évangile, sur notre qualité d'enfants de Dieu, d'enfants d'Adam, complète les deux autres et fait régner la paix dans la cité, en adoucissant les luttes que pourrait produire le choc de diverses libertés et vivifiant l'égalité qui sans elle ne serait souvent qu'une lettre morte.

Pressurez tant que vous voudrez notre devise républicaine ! vous ne pourrez, si vous ne vous laissez pas influencer par des considérations tout à fait étrangères au sujet, trouver le moindre sujet de critique au point de vue chrétien le plus scrupuleux.

Quoi qu'il en soit, cet harmonieux enchaînement des trois bases de toute république démocratique a été attaqué par le ridicule ; c'est une arme excellente quand on n'a pas d'argument logique à opposer à ses adversaires, et l'esprit monarchique n'a pas été sobre de ces attaques. Les plus vives ont été dirigées contre l'égalité, parce qu'en effet l'égalité qui est ce qu'il y a de plus pratique dans notre symbole est ce qui révolte le plus ces excellents chrétiens qui ont toutes les vertus sauf l'humilité et qui cultivent avec soin leur orgueil comme une nécessité sociale et politique, le plaçant sous le nom d'honneur.

La nature est contraire à l'égalité, disent nos adversaires : il y en a de spirituels, de sots, de grands, de petits ; si vous admettez l'égalité de droits, vous devez admettre aussi l'égalité de fortune.

Quoi ! parce que dans notre état de déchéance il y a inégalité dans les facultés intellectuelles et physiques, vous voulez aller plus loin et ajouter à ces inégalités naturelles des inégalités factices ? Mais ne savez-vous pas que l'humanité doit combattre le mal et non l'exagérer, et parce qu'il y a des maladies, faut-il empoisonner les gens en disant que la mort doit venir tôt ou tard, et que l'homme est né pour souffrir ? Parce que l'état de la société exige des inégalités dans les forces physiques et intellectuelles, allez-vous établir l'inégalité de propos délibéré là où Dieu a mis l'égalité ? Mais ceci est atroce. Et encore de quelle façon corrigez-vous donc la Providence ?

Est-ce en donnant plus de droits aux plus vertueux, aux plus intelligents, aux plus forts ? Non, c'est en mettant au-dessus de l'humanité ce qu'il y a quelquefois de plus sot, de plus vil ou de plus méprisable, et, en vertu de votre inégalité, Louis XV croupissant dans la crapule laissera prendre le Canada et démembrer la Pologne, Soubise fera battre nos armées, les roués séduiront les femmes des manants, rosseront le guet sans craindre de répression efficace. Vous avez raison, messieurs les partisans de l'inégalité, de vous appuyer sur l'imperfection humaine; mais cette imperfection, vous l'augmentez tandis que tous les efforts de l'humanité doivent tendre à la diminuer.

Mais, me dira-t-on, que nous parlez-vous de cette égalité politique, vous l'avez depuis longtemps? Oui, nous l'avons; mais parce que nous vous l'avons arrachée, et si la révolte n'avait pas détruit cette injuste répartition des droits politiques, elle existerait encore. Vous détestez l'égalité et la plupart d'entre vous, messieurs les modérés, voudraient encore l'hérédité de la pairie et la noblesse avec certains priviléges moins abusifs qu'autrefois, je le sais, mais en désaccord avec l'esprit de justice qui commence à prédominer dans le monde.

Je sais bien que, désolés de vous voir arracher les échasses qui vous faisaient paraître si grands aux yeux du vulgaire, vous vous consolerez en exagérant la doctrine de l'égalité et en disant que l'application de ce grand principe doit mener à l'égalité des biens, au communisme. Cet argument est complétement faux et ne mérite pas une réponse bien savante. Nous voulons l'égalité possible et telle que la nature elle-même l'indique dans la distribution providentielle des qualités physiques et morales : or comme tout le monde ne peut travailler également, tout le monde ne peut posséder également, comme tout le monde ne peut avoir un nombre égal d'enfants, tout le monde ne peut laisser à ses enfants une part égale de ses biens ; le partage des propriétés une fois fait, l'égalité n'existerait plus le lendemain, cette égalité n'est donc en rien une conséquence de l'égalité politique que nous chérissons.

L'égalité politique est la seule sauvegarde du pauvre et du faible qui ne peut résister aux attaques du riche et du fort que par un droit égal au sien. Si les riches et les forts ont plus d'influence dans la confection de la loi que les pauvres et les faibles, qui les protégera !

La liberté de chacun limitée par la liberté d'autrui, l'égalité dans tout ce qui est possible, et c'est impossible dans la répartition des biens de ce monde, esprit, richesse, santé, force, mais c'est très-possible dans l'exercice des droits politiques, la fraternité qui unit d'un lien d'amour le riche et le pauvre, le fort et le faible, et fait supporter patiemment l'inégalité inséparable de notre misérable nature, telles sont les déductions logiques du principe démocratique tel que nous le comprenons.

Est-il vrai que la famille soit attaquée par la forme républicaine et les idées démocratiques ?

Non, la famille n'est pas attaquée par les principes républicains, elle l'est bien plus par les conséquences forcées du système monarchique et aristocratique.

Qu'on retranche de toutes les séductions qui ont porté le trouble dans la famille toutes celles dans lesquelles le rang élevé du séducteur a déterminé l'épouse coupable, et le nombre en sera bien diminué.

Qui porte plus au concubinage que les préjugés nobiliaires encore si forts, et qui autrefois avaient la loi pour eux ?

Quant à la propriété, quel gouvernement la viole plus que l'autocratie russe avec ses confiscations, et la monarchie autrichienne avec ses confins militaires où règne un véritable communisme ?

Je dirai même plus : à examiner sérieusement les

conséquences de la royauté, rien en principe de plus dangereux pour la propriété. Journellement, les monarchistes nous disent : « En abolissant l'hérédité du pouvoir, vous risquez bien de voir abolir aussi un jour l'hérédité de la propriété. Pourquoi le pouvoir ne serait-il pas héréditaire aussi bien que la propriété ? » Parce que ce n'est pas la propriété. On ne peut conclure d'un de ces faits à l'autre. Chez nul peuple la propriété ne fut plus héréditaire que chez les Hébreux, puisque le droit d'hérédité primait même le droit d'aliénation, et que chaque famille reprenait son héritage tous les cinquante ans. Eh bien, cependant, le pouvoir n'était nullement héréditaire chez ce peuple, tant qu'il observa la constitution politique que Dieu lui avait donnée. Nous disons à notre tour : si le pouvoir est héréditaire, vous en faites une propriété. Dans le monarque se réunissent donc la souveraineté et la propriété du sol, et cette propriété du souverain prime même le droit de propriété des sujets ; c'est ainsi qu'il en est en Perse, en Turquie et en Égypte.

La confiscation a toujours été en usage dans toutes les monarchies, et la première République a pris dans les lois de la monarchie qu'elle remplaçait cette peine odieuse de la confiscation dont elle a tant abusé. On parle beaucoup des conséquences sociales de la République, et on ne se demande pas quelles sont les conséquences sociales de la royauté, du système des diverses castes dans l'Etat. Ces conséquences sont : le peu de respect du lien conjugal formé sans amour de la part des conjoints et pour obéir à des convenances aristocratiques, la grande quantité des concubinages à cause de la barrière qui sépare les diverses classes de la société ; la débauche des cours à cause de la position exceptionnelle du roi qui trouve peu d'obstacles invincibles ; l'orgueil des grands, l'envie des petits, la paresse des nobles qui dérogeraient par le travail, bien que le Créateur ait fait à tous une loi du travail, la nécessité de la guerre parce que c'est la seule occupation digne d'un gentilhomme, la vénalité des charges ; l'amour du luxe, et enfin, quand une loi formelle ne sanctionne pas l'inégalité, une inégalité de convention tout aussi terrible dans ses conséquences.

Voilà les conséquences sociales du principe aristocratique. Ces conséquences existent encore toutes aujourd'hui, en plein dix-neuvième siècle, et malheur à qui dans les classes élevées de la société, veut essayer de s'y soustraire.

Ces conséquences sont mauvaises, me dira-t-on,

mais entre deux maux il faut choisir le moindre, et les conséquences sociales de la République sont bien pires. Vous avez beau prouver que la déduction logique du principe républicain ne mène pas au communisme, cependant ces idées à tort ou à raison viennent à la suite de la forme républicaine.

Voici la réponse que je ferai à cette objection :

De tous les temps il y a eu dans l'humanité d'audacieux esprits qui ont voulu chercher en dehors de toutes les formes de gouvernement un remède aux maux qu'ils voyaient, ne s'apercevant pas que le remède était impossible, et que s'il était possible, il était pire que le mal. De tous les temps des esprits généreux, mais ayant le malheur de ne pas accepter la solution que donne la religion du manque de bonheur ici-bas, ont voulu faire régner sur la terre la suprême félicité et supprimer toute chose défectueuse en cette vie.

De temps en temps ces idées ont fait explosion et elles ont toujours profité des révolutions religieuses ou politiques du globe pour faire leurs essais malheureux.

Platon a écrit sa République il y a bien longtemps, et il suffit de lire Aristophane pour voir qu'il n'y a

pas grand'chose de neuf dans nos novateurs mo-
dernes.

Ces doctrines se sont traduites par des faits au
commencement de l'ère chrétienne, et de fausses
interprétations de la doctrine chrétienne firent naî-
tre bien des sectes socialistes dans la primitive
Église. Sous une monarchie aristocratique Thomas
Morus écrivit son Utopie qui ressemble fort à l'Icarie
du citoyen Cabet. Bien des tentatives furent faites
au moyen âge pour établir le communisme, et comme le moyen âge enveloppait tout d'un manteau
religieux, ces tendances socialistes se formulèrent
en hérésies. Faut-il condamner le christianisme,
parce que son apparition développa par de fausses
interprétations des doctrines déjà connues de toute
antiquité en Grèce et revêtues par Platon des
charmes de son éloquence? Si l'idée démocratique
est vraie, en sera-t-elle moins vraie parce qu'on en
tire de fausses conséquences?

Mais poursuivons notre examen de la question
socialiste.

Luther continue la chaîne des hérésiarques du
moyen âge; cependant, il n'erre que sur plusieurs
points de doctrine; pour tout ce qui concerne la
société, il partage les idées des catholiques de son

époque. Il est même plus féodal qu'eux, puisque, pour résister au pape et à l'empereur, il s'appuya sur les princes et les grands seigneurs. Eh bien ! à peine Luther a-t-il prêché sa nouvelle doctrine que, profitant des troubles survenus à cause des querelles religieuses, le communisme relève la tête. Comme les disputes étaient religieuses, il prend un masque religieux, et Jean de Leyde et ses compagnons établissent leur système de communauté brutale à Munster. Les Catholiques et les Protestants sont obligés de s'unir pour écraser ces communistes prétendus évangéliques.

Au moment où les querelles politiques remplacent les querelles religieuses, le socialisme devient un parti politique ayant pour organe Babeuf ; et enfin de nos jours, les luttes philosophiques et politiques ont mis en évidence les diverses idées communistes qui, sans cela, auraient passé inaperçues, sans toutefois cesser d'exister.

Protée insaisissable, si la querelle était entre deux monarchies, le communisme prendrait un masque monarchique pour chercher ici-bas une application impossible dans son ensemble.

La République n'est donc pour rien dans ces

idées, et l'humanité les trouvera toujours sur son chemin, dans tous les déchirements religieux, philosophiques ou politiques qu'elle éprouvera.

Il y aura toujours dans le monde des gens qui, ne croyant pas au christianisme, voudront le bonheur parfait ici-bas ; mais leur base étant fausse, jamais leur système ne sera réellement dangereux pour aucune branche du genre humain.

Ainsi donc, la République démocratique repousse aussi bien que la monarchie les idées socialistes qui effrayent toutes les populations et les éloignent ainsi des idées républicaines.

Est-ce à dire pour cela que nous repoussons les conséquences sociales du principe démocratique et de la forme républicaine ?

Loin de nous un tel blasphème.

Chaque principe politique a des conséquences qui modifient non-seulement le gouvernement, mais encore la société elle-même.

A mesure que la bourgeoisie acquérait de nouveaux droits politiques, les alliances de la noblesse avec elles devenaient moins rares. Lorsque le partage égal des successions fut admis dans notre Code, l'aisance devint plus commune et les rapports sociaux s'en ressentirent. Les filles succédant comme les garçons aux biens de leurs parents, leur condition sociale s'en est ressentie. Le cens électoral rapprochait la bourgeoisie de l'ancienne noblesse.

Les différences sociales sont toujours ou presque toujours la conséquence des différences politiques, celles-ci s'affaiblissant, les premières diminuent. Nul doute que l'abolition du cens électoral ne fasse faire de grands pas à la suppression des classes, en fait comme en droit elle a déjà eu lieu il y a soixante ans. Nul doute que de l'égalité de droits politiques ne dérive l'égalité d'instruction, et de celle-ci la ruine des idées aristocratiques qui, en fait, sont encore si puissantes.

Qu'on fréquente les salons de la noblesse, et on verra bientôt à quel point elle tient encore à présent aux préjugés les plus antisociaux et les plus antichrétiens à la fois.

L'aristocratie a un pressentiment vague que c'en est fait d'elle par suite du développement social de l'idée démocratique.

Aussi la lutte est désespérée, et elle excite l'ancienne classe des paysans à une violente réaction contre la démocratie, profitant ainsi de l'ignorance de cette partie de la nation. L'homme de la campagne est propriétaire, et l'ancien seigneur du lieu lui persuade que la République en veut à sa propriété. Le rentier touche ses rentes et prêche le refus des 45 centimes qu'on a levés sur le propriétaire pour payer le quartier de sa rente. Le petit propriétaire campagnard ne réfléchit pas que le grand-père de son Mentor actuel était seigneur, et que, tant qu'on n'attaqua pas la religion, la campagne fut plus révolutionnaire que la ville, tant les droits qui dérivaient du principe aristocratique lui étaient odieux.

Triste situation que la nôtre ! la nation n'est plus royaliste, elle n'est pas complétement républicaine ! La royauté porte avec elle ce terrible défaut des classes, et alors le progrès lent et régulier est impossible. Les impatients en voulant faire avancer le char du progrès le font dérailler, les gens froids et qui ont plus de prudence l'empêchent d'avancer. Avec la République seule on peut arriver à l'abolition complète de l'esprit de caste et l'abolition complète de l'esprit de caste est nécessaire pour la certitude et la régularité des progrès.

Nous avons la République, la garderons-nous longtemps ? Dieu seul le sait. Toutes les haines sont en jeu, tout se tourne contre la démocratie, même peut-être le vote universel qui est son ouvrage.

Ne désespérons pas cependant : si ce qu'à Dieu ne plaise, la République doit tomber sous les coups de ses ennemis, elle renaîtra bientôt. Une chose nous sauve, le besoin d'égalité. Nulle nation au monde n'a autant ce besoin instinctif que la nation française, ce besoin la sauvera. Si la France fait une dernière épreuve de la monarchie, elle devra reconstruire une aristocratie, et les préjugés aristocratiques encore pleins de force relèveront la tête. Alors la royauté légitime ou non tombera pour toujours.

La vérité l'emportera, probablement même Dieu se laissera toucher par le retour marqué du peuple français vers lui, et nous épargnera la dernière épreuve de la monarchie.

A nous donc, républicains, de mériter les faveurs de la Providence et de détourner de notre pays les maux que je prévoyais tout à l'heure.

Républicains de la veille, point d'esprit de défiance ni d'exclusion, et surtout confiance dans la bonté de notre cause.

Républicains du lendemain, n'écoutons pas les avances de ce parti *modéré* qui désire *immodéré-*

ment la monarchie et calomnie nos aînés dans la foi républicaine pour nous mettre en garde contre eux, exciter entre nous de tristes discordes et rétablir le trône sur les débris du parti républicain. La réaction n'osera pas nous entraîner si nous sommes unis ; si nous nous divisons, elle regardera avec une joie cruelle nos luttes fratricides et écrasera le vainqueur. Il n'est nul besoin que nous nous unissions avec nos ennemis pour maintenir la République pure de tout excès.

Montagnards de 1848, qui n'avez de l'ancienne montagne que sa foi dans les principes démocratiques, prenez garde de presser trop le peuple dans la voie républicaine, la nation française veut bien monter jusqu'à vous, mais elle ne veut pas être attirée trop brusquement.

Le *compelle intrare* serait plus funeste encore en politique qu'en religion.

Républicains rouges, surtout pas de violence, sans les excès de 93, la tyrannie Napoléonienne n'aurait pas existé !

Et vous socialistes, qui croyez sincèrement avoir la lumière et la vérité, ménagez un peu la faiblesse de nos yeux encore peu habitués à l'éclat de vos doctrines. Si vos systèmes sont appuyés sur la vérité, ils l'emporteront pacifiquement; vous avez le levier du vote universel, ceci doit vous suffire. Si vos systèmes sont faux, quelle injustice de vouloir les imposer à l'humanité! s'ils sont vrais, plus ils s'établiront lentement, plus profondément ils seront enracinés dans la population française encore si peu préparée à recevoir vos leçons.

Républicains de toutes les nuances, union, douceur et persévérance, et le triomphe des idées démocratiques, qui est assuré d'avance, viendra plus tôt donner le bonheur à la France et à vous la récompense de vos longs travaux!

Corbeil, imp. de CRÉTE.